W0216833

Du (für Ilse)

Du – bist mein sanfter, warmer Frühlingsregen,
Du – meine weiße Sommerwolke
Du –meine Meeresflut
Du – mein höchstes Gut!
Aus der Nähe oder Ferne: Ich hab' dich sehr sehr gerne!

Gotteskinder!

Uns als Gotteskinder lieben -
Das müssen wir lernen in unserem Leben,
Freundschaft und Liebe als Geschenke nehmen!
Nur so können wir auch anderen Liebe geben.

Die Liebe ist's, die uns erschafft -
Uns beschenkt mit Glück, Freundschaft,
Lebensfreude, Hoffnung, Leidenschaft.

Wenn wir um Trauer, Schmerz, Krankheit -
Tod nicht wüssten, uns nicht
Umarmten und nicht küssten ...

Wollt ihr wissen,
Was ich dazu meine?
Wir wären keine Menschen -
Nur leblose Steine
In eiskalten Wüsten!

An jemanden

Groß der Berg – klein der Zwerg –
So fühl' ich mich heroben.
Doch werden Riesen nicht so leicht
Wie Zwerge hochgehoben!

Unser Land

Oh wie schön, oh wie schön,
Lasst und dieses Land beseh'n!
Fette Würste, helles Bier
Kein Land wie dieses hier!

Oh wie lieb, oh wie lieb -
Blonde Mädchen, braune Frauen!
Alle diese kann man lieben,
Aber erst muss man sie kriegen!

Oh wie Schaum, oh wie Schaum -
Diesen Worten darf man glauben
Die aus oberen Mündern fließen
Und sich auf uns heruntergießen.

Oh wie stark, oh wie stark
Sind deine politischen Männer!
Ihr Rückgrad ist so biegsam
Und schwabbelig wie Quark!

Allerseelen 1974

Durch Wald und Wiese
Zieht der Nebel
Grau und kalt.
Behängt mit zitternden Perlen
Gähnen der Krähen Schnäbel -
Das Krächzen ist heiser,
Das Jahr wird alt.
Bunte Blätter
Auf tropfenden Zweigen
Träumen vom Sommer,
Vom Schaukeln und Neigen.
Im frostigen Hauch gaukeln sie nieder -
Ihre farbenfrohen brennenden Leiber
Nimmt sich die schwarze Erde wieder.
Kein Herbst ohne feuriges Blätterschweben -
Wann wird es keine Toten mehr geben?

Vergissmeinnicht

Du schönes Stück vom Himmelsblau,
Hast Sonne in der Mitte –
An dich hab‘ ich eine Bitte:
Vergiss mich nicht, Vergissmeinnicht!
Nein, sagt das Vergissmeinnicht,
Ich vergess‘ dich sicher nicht!
Auch du bist ein Stück vom Himmelsblau
Und hast Sonne in der Mitte!
An dich hab‘ ich die gleiche Bitte:
Vergiss mich nicht, Vergissmeinnicht!
So vergessen wir einander und uns selber nicht.
Wir haben beide das gleiche Blau,
Beide die selbe Bitte
Und die Sonne in der Mitte.

Gänseblümchen

Ein Gänsepärchen watschelte auf Reisen
Zu erkunden, was es so gäbe
An besonders guten Speisen
Außer die ewigen Schnecken, gesunden Körner,
Wasserlinsen und Kröteneier.
Am Rande eines Waldes fanden sie kleine Blumen
Mit gelber Mitte und weißem Strahlenkranze -
Die fraßen sie auf und zwar als ganze.
Die Augen fingen an zu glänzen
Und weil sie die Entdecker waren,
Durften sie gegen ein kleines Steuersümmchen -
Den Blumen eigene Namen geben
Sie sagten: ihr heißt „Gänseblümchen",
Denn es kam ihnen sehr zustatten,
Dass diese Pflanzen keinen Namen hatten.
Die Gänseblümchen wurden zum Maße ihrer Liebe
Damit die Gänseehe glücklich bliebe
Beantragten sie für diese Blümchen -
Nach Bezahlung einer weiteren Steuer
Den Namen „Maßliebchen" und watschelten zu ihrem Teiche.
Bald danach bekamen sie bei ihrem Heimatwasser -
Nach Entrichtung der neuen Eiersteuer
fünf schöne Gänseeier – gelbe Mitte, weiße Schale -!
Wegen der laufenden Produktion von Eiern
Wurden sie mit ihren Nachwuchsgänsen
Als Stützen des Staates ins Finanzamt geladen, um sie zu feiern
Zwecks pünktlicher Bezahlung künftiger Steuern.

Einen Zusammenhang mit unserem Staat zu vermuten,
Ist völlig aus der Luft gegriffen!

Erinnerungen

In heller Nacht
Haben Sternenlicht
Und Mondscheinfäden
Für Jeden etwas mitgebracht:
Dem Einen Liebe
Dem Anderen Traum
Und kühlen Tau
Dem Apfelbaum.

Dort oben ist genügend Platz
Für einen wertvollen Schatz:
Erinnerungen
An glückliche Stunden
An schöne Zeiten
An Seelenschmerz
Und Körperwunden.

Nichts wird verloren
In dunklen Weiten!
Alles was aufgestiegen war
Ist zurückgekommen.
Es wurde nichts dazugetan
Und auch nichts weggenommen.
Für frohe und traurige Gedanken
Für alles was wir haben dürfen
Wollen wir danken;
Auch für die feierliche Ruhe,
Die in allen Dingen wohnt,
Die mit Mondscheinfäden
Und Sternenlicht
In heller Nacht
Herunter zu den Menschen
Schweben.

Ein Melodram in zwei Teilen
(Von einem, der es wissen muss)

Teil 1:
Er sah sie an
Knabberte daran
Begann zu saugen
Rollte die Augen
Verschlang sie
Fast zur Gänze
Bis zur gewissen...
Schicklichen Grenze.

Sie rächte sich
Auf ihre Weise:
Ganz still, ganz leise
Ging sie auf eine
Sieben Meter
Lange Reise...

Ihre Zartheit stieg ihm
Sooo zu Kopfe,
Dass sich sein Darm
Total verstopfte!

Ist's nicht schade um
Die zarte Schokolade?!

Teil 2:
Seid auf der Hut, ihr
Freunde von süßen Dingen!
Allzu heftiges Verschlingen
Verführerischer Sachen kann
Später Schmerzen machen!

Es ist doch allgemein bekannt,
Dass ein verwirrt getaner Schuss
Oft nach hinten losgehen muss!

Diese Kirche

Diese Kirche vom Hundertwasser
Ist bei Sonne trocken, bei Regen nasser
Wir haben sie umrundet,
Unseren Respekt bekundet.
Liebt's Gott im allgemeinen bunter,
Oder geht Er hier ein wenig unter?

(Kirche in Bärnbach, Stmk.)

Die Liebe

DU und ICH
ICH und DU -
Wir beide sind die Liebe!
Und alle, die sich selber lieben,
Gehören auch dazu!

Die Ehe

Er: Jetzt hab' ich sie!
Sie: Jetzt hab' ich dich!
Die Ehe ist kein Spaß …
Sie wissen das
Und haben sich.

Der Wanderer

Ein Wanderer bin ich
Zwischen Geburt und Tod
Himmel und Erde
Dem Guten und dem Bösen
Vertrauen und Enttäuschung.

Ein Wanderer bin ich
Zwischen Gestern und Morgen
Fülle und Leere
Freundschaft und Missgunst
Liebe und Hass.

Ein Wanderer bin ich
Zwischen Trauer und Freude
Dunkelheit und Licht
Abneigung und Herzlichkeit
Schwatzen und Schweigen.

Ein Wanderer möchte ich sein
Aus der Gedankenlosigkeit zur Erleuchtung
Von der Schwachheit zur Stärke
Aus der Masse zur Weisheit
Von Unruhe zur Gelassenheit.

Ein Wanderer will ich sein
Von mir zu dir und den anderen
Vom Egoismus zur selbstlosen Liebe
Von Gleichgültigkeit zum Glanz der Seele
Vom Tod zu neuer Geburt.

Ein solcher Wanderer zu werden
Ist Lebenssinn und Lebensziel -
Dann können die Sterne heller leuchten
Und die Nächte sind weniger finster
für dich und mich und die anderen.

Sonnenblumen 2000

Die Sonne wärmt und bringt uns Licht.
Durchscheint sie die Wolken einmal nicht,
Können wir auch an trüben Tagen
In Sonnen schauen -
In die großen gelben Blüten,
Die in Feldern auf hohen Stielen stehen
Und uns mit Freude ein Stück Sonne geben.

Auch wenn kühler Wind über die Felder weht -
Sie haben ihre Köpfe zur Seite gedreht
Sie werden wohl ganz genau wissen,
Dass sie Sonnenlicht zur Erde bringen müssen!
Das tun sie eifrig und gerne
Und sammeln Himmelskraft in ihre Kerne.

Loben wir die Blumen der Sonne,
Blüten des Lichts und der Sonnenwärme!
Sagen wir ihnen oft und immer wieder:
Eure Sonne wärmt Herz und Glieder -
Wir danken sehr
Und haben euch gerne!

Zwei Schwalben

In einem Stall, in dem zwei Schwalben hausten,
Sauste eine Fliege, grau, flink, dumm
Einmal grad, dann irgendwie herum.
Da sagte die eine Schwalbe zu der anderen:
„Wie schön ist doch so ein Fliegenleben -
Nichts zu denken - nur herumzuschweben!
Wenn ich als Fliege leben könnte
Und wie wunderbar, wenn du ebenso eine Fliege wär'st!"
„Ja warum denn nicht? Wir verwandeln uns in Fliegen! -
Aber du zuerst!"

Wellen

Ein Knabe und ein Mädchen
Liebten sich immer nur zärtlich.
Als Schmuck der Haare eine Spange,
Ein leichter Kuss der einen und anderen Wange,
Das genügte diesen beiden –
Die Eltern konnten das noch leiden.
In den späteren Jahren,
Wo sie immer zusammen waren,
wurde die Liebe brennend heftig,
Schließlich so stark und deftig,
Dass sie das Liebeszentrum der Gesichter küssten.
„Jetzt ist es Zeit, wo wir heiraten müssten!"
Sie flogen auf die Insel ‚La Réunion'.
Dort waren sie nach einem halben Jahr
Ein glückliches, sich heftiger liebendes Paar.
Ich rate allen in solcher Situation:
Fliegt auf die Insel ‚La Réunion'!
Auch empfehle ich eine Insel der Seychellen –
Dort gibt es auch so große Wellen.

PS. siehe Grillparzer:
„Des Meeres und der Liebe Wellen" oder „Das Kamasutra";
Playboy ist zu langweilig.

Viola odorata

Ein junges Mädchen duftig war Renata.
Das Blümchen dunkel war ein Veilchen.
Renata setzte sich zu Viola hin –
Sie war eine gute Dufterin!
Nach einem Weilchen
Fing das Veilchen
So wunderbar zu duften an,
Wie nur ein Veilchen duften kann.
Beide duften auch noch heute
Und werden grober Hände Beute.
Aber Renata gibt es immer wieder –
Viola odorata duftet
Unter dem später
Blühendem Flieder.
Sobald sich Renata's Duft einmal verlor,
Lief sie zum Veilchen empor.
Bekam ein Gramm geschenkt
Und war duftiger als zuvor.
Wenn man es so bedenkt,
Ist Freundschaft wohl ein Wechselspiel:
Nehmen und auch
Geben
Braucht man nicht sehr viel –
Umso mehr bereichert sie
Das Leben.

Schweinsbild

Wer ist Schuld an meinem Speck?
Ich mag ihn nicht – er soll weg!
Ist es das viele Futter?
Aber dick war schon die Mutter.
Es freut meinen Besitzer.
Beim Essen sitzt er;
Und was isst er? – Speck – oh Schreck!
Ich werde überhaupt nichts fressen;
Ich kann darauf vergessen!
Das Schwein hat es probiert
Es hat sich sehr geniert:
Die Schwarten waren eingelaufen
Das war kein Schweinsbild mehr!
Der Besitzer war dicker aufgelaufen.
Die Frau kam vom Hühnerfutter kaufen.
Sie sah ihn an.
Der Mann
War schlank gewöhnlich,
Jetzt sah er einem Schwein sehr ähnlich.
Du bekommst nur Hühnerfutter,
Denn schlank war schon die Mutter!
Der Mann war fett und ärgerte sich schrecklich,
Das Schwein wurde schlank und streckte sich.
Ein guter Tausch – so meine ich.
„Keine Evolution!" heißt es.
Schau selber hin, dann weißt es!

Menorca

Einmal über die Wolken
Dann Regen aus Wolken
Kein Zigarettenrauch
Kein Gekläff von Hunden
Orange und Käs' im Bauch
Keine akustischen Wunden -
So geht's auch!

Barbara

„Sie dürfen schon hineingehen, ich komme gleich!"
Am Bettrand sitze ich,
Nebenhin setzt sie sich,
Beginnt den Rücken zu stützen,
Um ihn nicht schmerzlich abzunützen,
Meinen Arm zu bewegen –
Für die Muskeln ein wahrer Segen.
Sie ist sehr freundlich, voll Humor,
Am Schuss genauso wie zuvor.
„Sie dürfen ihren Kopf nach rechts drehen
Und das Ohr zur Schulter geben!
So ist es richtig."
Das linke Ohr scheint nicht so wichtig.
Die Hand kommt in heißes Paraffin,
Damit ich gekocht und locker bin.
Die Zeit ist um, darum:
Es kommt der Zottel.
„Auf Wiedersehen, dankeschön!"
Zur Barbara gehe ich gerne hin.

(Der „Zottel" war ein unappetitlicher Taxi-Fahrer)

Das Eigentor

Er denkt an einen Streich,
Der Pharmazeut ideenreich …
Unter vielen anderen Tabletten
Besitzt er zwei besondere Sorten
Mit inhaltsschweren Etiketten:
„Nervenruh“ und „Antiflat“,
Die jeder Kollege auf Lager hat.
„Nervenruh“ macht müde
Wie eine faule satte Kuh;
„Antiflat“ wirkt gegen jene üblen Sachen,
Die duften und Geräusche machen.
Er sperrt die Türe zweifach zu
Und eilt mit diesen Pillen in den Keller,
Den dunklen stillen, kippt
Den Hebel eines Schalters -
Und schon wird’s heller.
Dort wählt er einen Mörser hohen Alters,
Beginnt zu werken nach Rezepten und Listen
Der weisen Alchemisten:
Er nimmt die Pillen aus den Hüllen,
Um den Mörser damit zu füllen,
Fängt an mit Schwefel herumzudampfen,
Zu mischen und zu stampfen …
Sorgsam teilt er diesen Klaster,
Murmelt Verse des Zoroaster,
Hebt an nach der Gesetze strengen Normen
Einen Teil mit starkem Tee
(Für alle Fälle mit Wasser einer heiligen Quelle)
Den anderen Teil mit Espresso-Kaffee
Zu verkneten und Pastillen daraus zu formen.

Ein „höheres Wesen“
(er glaubt, es wäre eins gewesen),
geruht, ihm eigenstimmlich vorzulesen:
„Nervenflat“ und „Antiruh“
Seien die neuen Namen!
Als kräftigende Muntermacher
Sind sie jeder Trägheit Widersacher!
Der Pharmazeut sagt höflich: „Danke, Amen!“

Das Geheimnis seiner Wunderpillen
Verrät er schnell an einige
„Wie Gräber schweigende“ Damen
Nach des „höheren Wesens“ Rat und Willen.
Tags darauf rauft eine ungeheure Meute
Um die Pastillen, den Hunger nach
Dauergelderwerb zu stillen.
Der Pharmazeut bekommt viel Geld für seine Pillen –
Aus dem Geld wird noch mehr Geld,
Aus Nochmehrgeld wird wieder Geld,
Aus Wiedergeld wird Vielmehrgeld.......
Als sich der Tag zu Ende neigt,
Klemmt die Türe, geht nicht mehr zu,
Die Apotheke ist vollgestopft mit Geld!
„Wo ist sie denn, die schöne Welt?!
Ich seh’ sie nicht durch’s viele Geld!“

Der Pharmazeut, den langen Tag herumgehetzt,
Die Schuhe schon ganz abgewetzt,
Schluckt eine Handvoll „Nervenruh".
Ist müde jetzt – wie eine faule Kuh.
Ziemlich sicher war das „höhere Wesen"
Ein ziemlich „tiefes Wesen" –
Vielleicht des Pharmazeuten „Selbst" gewesen?!
Am nächsten Tag klebt trotz heftigem Gebettel
An der Tür ein schwarzer Zettel:
Ich hab' ein Eigentor geschossen!
Die Apotheke bleibt geschlossen!

In tiefer Eigentrauer:

Apotheker Emil Sauer

Für Zuzana

Wenn deine Augen zu mir schauen,
Weiß ich: dir kann ich voll vertrauen.
Weiter unten sitzt die Nase
Im edlen klassischen Maße.
Und erst der Mund:
Nicht zu schmal, nicht zu rund;
Ein Mund, perfekt zum Küssen –
Das werde ich probieren müssen!
Nein, nein, das darf ich nicht
Doch passt es gut in das Gedicht.
Die Wangen sind warm, weich, fest –
Ich bin sicher: weich, warm, fest ist auch der Rest.
Kurz gesagt: Du bist eine reife süße Frucht,
Die den besten Mann im Universum sucht.

Zikaden

An einem Abend im April
Ging ich im Wald spazieren,
Mich ein wenig auszuventilieren.
An einem Zweig an einem Baum
Entdeckte ich ein Häufchen Schaum.
Ein kleines grünes Tierchen saß mitten drin im Schaum!
Ist denn das ein gutes Leben,
In einem Häufchen Schaum
An einem Baum zu kleben?
Das Tierchen schaute zu mir heraus,
Dabei saugte es den Baumsaft aus.
Sie waren sogar zu zweit da drin:
Ein Zikad mit seiner Zikadin.
Er war von ihr im Schaum versteckt, so so! ahaaa!
Der Cikád mit seiner Cikádova!
In den nächsten Wochen sind viele Junge herausgekrochen.
Der arme Baum wurde bedeckt mit Schaum –
Er wurde saftlos-krumm, immer dünner...
Und: Um fiel er!
Die Tierchen hatten kein Zuhause mehr,
Der Baum gab keinen Saft mehr her.
Das kommt vom wilden Eheleben!
Man sollte besser Ruhe geben
Und nicht in zu wilder Ehe leben!
Deshalb gibt die Kirche gerne ihren Senf dazu.
Man ist moralisch und gibt mehr Ruh'.

Verzeihung! (für Barbara)

Für die ungeheure Beleidigung
Bitte ich um Verzeihigung!
Ich weiß nicht wofür,
Aber eben dafür.
Ich weiß nicht, was es war;
Passiert nicht mehr in diesem Jahr!
Ich bin ein fast zerfallender Patient,
Der nicht immer seine Grenzen kennt.
Gnade für mich dummen Mann,
Der deshalb nicht mehr schlafen kann!
In tiefer Trauer bin ich hier –
Hoffentlich verzeihen Sie mir!

In tieferer Zerknirschung,
Helmut Uray

Türkische Mädchen

Demet und Elif
Haben dunkelbraune Augen.
Abgrundtief!
Zu dumm!
Ich bin alt, nicht mehr jung.
Diese großen Augen würden mich zu sich hinsaugen...
Ich, sooo starker Mann,
Könnte gar nichts dagegen tun!
Warum?
Darum!

Ich bin schön!

Es ist leicht zu sehen:
Ich bin schön!
Das Gesicht ist voller Warzen,
Die könnte man herunterkratzen.
Die Beine sind nicht gleich lang,
Ich schlurfe so dahin,
Weil ich unsymmetrisch bin.
Oft wird mir schwindelig und bang.
Ich komme in die Jahre
Und habe dreihundertzwanzig Haare.
Hätte ich nur ein Haar mehr,
Wäre ich noch schön...er.
Durch meiner Hüften Schwung
Fallen Frauen reihenweise um!
Meine edle Gestalt
Hat erotischen Gehalt!
Ich habe gehofft und gewettet:
Man hat sie – Gott sei Dank – gerettet.
Später werden sie wiederkommen;
Ich bin schön! Ich habe gewonnen!

Der unbeliebte Therapeut

Es hat mich Wut!
Mir geht's nicht gut!
Was kann ich dafür?
Man öffnet eine Tür:
Ein Gang lang lang
Mir wird bang bang bang
Und kalt kalt kalt.
Hier sind Leute krank krank alt,
Die Haut wie Eichenrinden;
Jugend ist da nicht zu finden.
Aus dem Zimmer voll Maschinen
Ist ein Stöhn erschienen –
Ein Schmerzpatient,
Der schnell davon gerennt.
„Das hätte dich gefreut"
Ruft ein weißer Therapeut.
„Komm sofort zurück,
Du windiges Schmerzenstück!
Ob Knochen krachen ist einerlei
Eine Maschine ist schon frei!"
Der Patient ist zurückgerannt,
Hat einen Therafuß bekickt –
Dieser ist schmerzhaft eingeknickt.
Es ist kaum zu fassen:
Der Therapeut hat einen Stöhn entlassen!
Dieser Stöhn auf Theraweise
Entschwebt ganz weiß und leise, surrend
Zum Haus hinaus
Ein wenig murrend;
Die Geschichte ist jetzt aus!

Gaudeamus igitur!
Haben WIR eine Gaude!

Der Eiffelwurm

An den Ufern eines Teiches
Lebte einst ein Wesen namens „Wurm“,
Wohnhaft Schlammweg Nummer 3,
Aber dies nur nebenbei.
Wurm pflegte den Uferrand entlangzuschleichen,
Um den Menschen auszuweichen,
Die nicht einmal „Verzeihung“ sagten,
Wenn sie seine Freunde zertraten!
Eines Tages, als Wurm im Schlamme kroch
Und ein Stück Zeitung genau beroch,
Sah er das Bild eines großen Turmes …
Da funkte es im Hirn des Wurmes!
Er spannte seine Muskeln und schrie so laut
Er konnte in's grüne Uferkraut:
„Ich werde diesen Turm erklimmen
Und den Wurmturmbezwingerpreis gewinnen -
Weil ich will und weil ich muss!“
Das war eine Vision! Er machte sich auf -
Und sauste davon.

Nach zwei Jahren und sieben Sekunden
Hatte Wurm den Turm gefunden.
Sogleich fing er an sich zu schinden
Um sich am Turm hinaufzuwinden.
Nach weiteren zwei Wochen
War Wurm trotz Rost auf Eisen
Und großer Hitze
Tatsächlich auf die oberste Spitze
Des Eiffelturms
Gekrochen!

Er begann den Blick hinabzusenken
Und über die Menschen nachzudenken:
„Wie kann man denn sooo klein sein
Aber dennoch sooo groß tun!
Mir geht's gut, ich fühl' mich wohl
Wie in einem Kopf aus Wirsingkohl!
Ich bin sooo stark und herrlich -
die übrige Welt ist mir entbehrlich!"

In dieser Minute seines großen Triumphes
Erschien ihm ein Bild seines Heimatsumpfes,
Das Bild seiner Wohnung Schlammweg Nummer 3 -
Da war's mit seiner Vision vorbei.
Schnell verließen ihn die Kräfte
Sowie alle seine Körpersäfte,
Er wurde hohl, zu nichts mehr nütze
Und fiel vom Turm hinab in eine
Heimatlich-schlammige Pfütze.
Das traurige Ende des mutigen Wurmes
Wurde kaum bemerkt am Fuß des Turmes.

Oft singt der Wind im großen Turm ...
Es ist der Geist vom Eiffelwurm.

Hymne auf den „Doktor Zahn"

Nach schlafloser Nacht wird mir klar:
Es ist nicht mehr so wie es gestern noch war!
Diese Schmerzen im hintersten Mund
Dieses Stechen im oberen Bauch!
Ich bin nicht gesund und Kopfweh hab' ich auch.
Die Ursache dieser Pein können nur die Zähne sein!
Diese kleinen Knochenstücke
Tragen bei zum kulinarischen Glücke,
Aber nur so lange sie schön artig bleiben
Und nicht ihr schmerzendes Unwesen treiben.
Ein schneller Entschluss ist gefasst:
Ich wandle auf längst gewohnten Wegen
(Gott der Zähne, gib mir deinen Segen!)
Zum Onkel Doktor steig' ich empor
(Im Zahn singt der Teufel im Chor).
Dort ist ein Mann, mir gut bekannt,
Von allen respektvoll „Onkel Zahn" genannt.
Das Bohren und Schleifen ist nicht vergnüglich
Und die Angst vor diesen Foltern allgemein üblich.
Aber: bei diesem Gebieter der Zähne
Weine ich keine einzige salzige Träne!
Keine Angst vor diesem trefflichen Mann,
Der so sanft in Zähnen bohren kann!
Dort, wo ängstliche Menschen zitternd bangen –
Auf diesem Stuhl, dem schwarzen langen,
Bleibe ich gelassen und vertrauensvoll,
Denn weich und warm ist dieser Stuhl
Wie in Babylon ein Sündenpfuhl!

Jetzt kommt ein weißer Mann herein –
Das kann nur der Onkel Doktor sein!
Gleich begrüßt er mich herzlich,
Die Schmerzen sind schon weniger schmerzlich.
Trotzdem komme ich ein bisschen ins's Schwitzen.
Es kommt mit einer Nadel, groß genug für Pferde von Adel –
Ich denke ganz fest an's linke schlafende Wadel.
Am soeben erwähnten waagrechten Ort
(nach einer Spritze mit scharfer Spitze)
Wird nun im faulenden Zahn gebohrt
Und nach längstens fünftausendsiebenhundert Sekunden
Ist das ganze Malheur überwunden.
Meine Wange ist zwar für drei Wochen ziemlich geschwollen,
Doch dies hat der Doktor sicher nicht wollen.
Für ein Gespräch mit meinem Retter bleibt keine Zeit!
Man darf nämlich nicht vergessen:
Da warten noch sieben weitere Werkzeuge für's Essen
Auf dass sie der Doktor bohre, fülle, schleife, poliere
Und dann versehe mit beruhigender Schmiere.

Der Rum dieses edlen Mannes erfüllt den Raum,
Durchdringt das ganze Haus,
Steigt auf zu den Vögeln im Baum
Und zieht in's weite Land hinaus.
Lieber Doktor, Freund und Gönner,
Guter Mensch und großer Könner,
Wir wünschen dir ein Riesenstück
Vom allgemeinen Weltenglück!
Wer es sucht, der findet es,
Aber mit Ruhe, nicht im Stress!

Dein dankbarer Patient.

Dieses Gedicht wurde nicht geschätzt.

Almfrieden

An den Stamm einer Lärche gelehnt,
So richtig wohlig die Glieder gedehnt,
Sitze ich auf einem Brett im Wald
Und träume nur so vor mich hin.
Es ist nicht zu warm und auch nicht zu kalt -
Ich denke nach, woher ich komme, warum
Was und wie ich bin.

Na ja – so grüble ich, die Sonne im Gesicht:
Ganz so einfach ist das Leben nicht!
Nur mit billigem Vergnügen
Kann man Zufriedenheit nicht kriegen.
Wenn ich zum Beispiel vor der Weihnachtskrippe
Zwei große Schnäpse hinunterkippe
Und hinterher ein Riesen-Bier
Zu Ehren dieses Kindes hier,
Sodass ich nicht mehr weiß:
Ist es frostig oder heiß?
So dass ich nicht mehr sagen kann:
Bin ich Frau – bin ich Mann?
Oder ich verwechsle Zufriedenheit und Glück
mit dem wichtigsten der Welt – mit Geld?

Ich muss wohl eingeschlafen sein …
Plötzlich fällt ein weicher Patzen
Genau auf meine werdende Glatzen!
„Aha“: ober mir auf eines Astes Rest
Klebt ein kleines graues Nest,
Und dort – frech und munter -
Sitzt ein Vogel, ein kleiner, gemeiner, brauner -
Ein richtiger Almfriedenstöregauner
Und schielt zufrieden auf mich herunter!

Es kracht im Hirn, es kocht das Blut -
Diesem Vogel werd‘ ich‘s zeigen!
Nur ist‘s nicht so leicht, auf den Baum zu steigen;
Und bin ich dann wirklich dort,
Ist der Vogel sicher fort.
Also bleib‘ ich auf der Erde,
Damit ich wieder ruhiger werde.
Ich tausche jetzt das Waldesbrett
Mit dem gemütlichen Almhüttenbett
Und da schlafe ich bald ein ...
Wie kann es anders sein:
Im Traum, auf einem Brett,
An den Stamm einer Lärche gelehnt -
So richtig wohlig die Glieder gedehnt,
....

Der konsume Mensch

Der konsume Mensch ist ein dummes Schaf!
(Nicht böse sein! Sanft sind die Schafe unter den Tieren!)
Kaum krabbelt er auf allen Vieren,
Beherrscht ihn AHRIMAN – sogar im Schlaf.
Zunächst saugt er seine Mutter aus,
Bald darauf wirft ihn der Vater hinaus.
Dies freut ihn sehr und er schreit:
„ICH BIN FÜR DEN KONSUM BEREIT!"
Er sucht – und findet „Freunde", die ihm geben,
Was er braucht für dieses hektische Leben,
Entdeckt ein großes Haus zum Kaufen,
Beginnt sofort herumzulaufen
und hetzt in einen gigantischen Laden,
Wo sie einfach alles haben:
Peitschenschnüre, Konfitüre,
Kälberstricke und Raketen,
Gesunde und auch gemütliche Betten,
Pölster, Gläser, Brillen, Stöcke,
BH's, verführerische Unterröcke,
Alle europäischen Käsesorten,
Semmeln, Zeitschriften, Sachertorten,
Kanarienvögel und andere Tiere,
Viele lehrreiche Computerspiele,
Mit denen er – zu Hause dann –
Kleine Männchen abschießen kann!
Er segelt wie auf Flügeln
Zu den bunten blechernen Kübeln:
Schnell schnappt er tierische und pflanzliche Fette
Aus Schweinespeck, Distel, Nuss und Klette.
Hier ist ein verlockendes Angebot:
Ein altes aber wertvolles Vollkornbrot!

Es ist zwar schon von Vor-Vor-Gestern -
Aber gut genug für die Barmherzigen Schwestern.
Dieser schäbige Gedanke lässt ihn völlig kalt -
GEBETE sind ja auch schon ziemlich alt! .....
So schlittert er - Stück für Stück -
Ins übliche Konsumentenglück.

Wenn er hört: „Da gibt's was zu kaufen!",
Kommt er auch schon hergelaufen -
Oder in späteren Jahren
Mit dem Auto angefahren.
WAS er kauft, ist für die Katz'-
Hauptsache: ER HAT'S!
Ein Unterschied zum Schaf muss sein,
Ist aber nur ganz klein:
Ein Schaf frisst auf einer Wiese, blökt und rennt,
Während der konsume Mensch nur EINES kennt:
Viele Dinge anderer Leute,
Die auch ER besitzen will -
Alle diese nützlichen Sachen,
Die konsume Menschen glücklich machen!
Hat er alles und gibt es NICHTS mehr – dann
Wird er ängstlich, krank und still,
Weil er nichts mehr kaufen kann.
ABER DORT, wo auf langen Kunststoffregalen
- bei Tintenfisch und Räucheraalen -
Die Bohnen, Erbsen und gekochten Linsen
So einladend heruntergrinsen .....

Schau! Schau! Sieht er eine schöne Frau!
Er denkt: „DIE MUSS ICH KRIEGEN!“
Ganz schwach wird er in den Knien,
Schiebt seinen dicken Bauch
Zu ihr hin – und sich selber auch.
Er bläht sich auf und schreit sie an:
„ICH KONSUMIERE DICH!“
Die entsetzte Frau
Wird grün, dann blau - - -
Sie ist davon gerannt;
Wohin, ist nicht bekannt.
Zwischen Braut- und anderen Moden
Sinkt der konsume Mensch zu Boden.
Einen Engel hört man singen: „Jetzt hab‘ ich keine Zeit;
In den Himmel ist es weit – zu weit;
Ich komm erst morgen,
Den konsumen Menschen zu entsorgen!“
Auf des Konsumenten Stirn -
Vor dem dünnen Hirn
Bald darauf ein Zettel klebt:
DIESER MENSCH HAT FALSCH GELEBT!

Aber DIESES wird jetzt nicht gelogen:
Die Seele war ins All geflogen,
Ist schnell zurückgekommen -
Und hat im nächsten Sauger Platz genommen!

Da capo al fine!

Hiebe

Die Menschen, die nur an Sex gedacht
Und nicht an Liebe,
Machen Selbstbefriedigung zu zweit!
Sie leben in Oberflächigkeit,
Werden im Jenseits ausgelacht
Und bekommen dort noch Hiebe!

Zuzana 2

Ein trüber Tag ist heute –
Auf der Straße keine Menschen,
Nur Leute.
Vielleicht ist der Blick getrübt;
Klar sehen gehört geübt!
Ich gebe zu: Ich hab's fein!
Zuzana ist mein Sonnenschein!
Schnell seh' ich wieder klar...
In Kälte oder Hitze –
Zuzana macht immer Witze!
Sie kommt aus einem „Pool",
Ist lieb und lustig,
trinkt viel Wasser,
Weil oft durstig,
Ist einfach „cool"!
Ich sehe sie in Sardinien –
Sie sonnt sich unter Pinien.
Sie hat mir schnell was klar gemacht...
„Bringe mir bitte etwas Wasser"
„Nein" sagt sie – schon steht das Wasser da.
Ja, ja, so ist meine Sokratesova!
Gerade saugt sie Staub...
Groß der Lärm, die Ohren taub.
Fort müssen Bakterien, Viren, Mikrokrokodille.
Dann ist wieder Stelle.
Sie schaukelt über's Meer –
Zuzana, komm' bald wieder her!
Ich hab dich sehr sehr gerne,
Viel mehr als süße Pinienkerne!

Zu Neujahr 1999

Das Jahr - das alte - krieselt
Und weiß nicht, was es will;
Schnee vom grauen Himmel rieselt ...
Es wird ganz still -
GANZ STILL.

Das alte Jahr ist schon gewesen,
Viele Kranke sind genesen
Und andere wieder nicht -
WIEDER NICHT.

Das neue Jahr wird Vieles bringen,
Was uns gänzlich unbekannt.
Manchmal wirst du weinen, manchmal singen -
SCHICKSAL wird die Mischung oft genannt.

Wenn die Menschen Freundschaft schließen,
Dürfen sie schon jetzt genießen,
Was Herr Jesus immer spricht:
Fürchtet euch nicht!
FÜRCHTET EUCH NICHT!
Glücklich ist, dessen Seele lächelt
Und dem Körper Luft zufächelt.
Schließen wir einen frohen Bund:
Werden wir gesund!
GANZ GESUND!

Silvia

Die kleine Silvia darf man loben;
Sie steht in meiner Gunst ganz oben.
Sie kann ruhig sein,
Aber auch furchtbar toben;
Sie schließt die Augen –
Schreit! Sie will saugen!
Ein Sturm kann starke Bäume knickeln,
Die arme Silvia muss man wickeln!
Der Wald will gesäubert werden
Nach dem Sturmgebraus;
Bei Silvia kommt – was oben hinein –
Unten wieder rraus!

Später wird sie Männer knickeln,
Leicht um ihre Finger wickeln
Wieder wird geliebt, der „liebe Gott" gelobt,
Gesäugt, gewickelt, getobt.
Man ist glücklich – dann betäubt.
Wie eine Biene, die Nektar schleckt,
Und nicht merkt: sie ist mit Blütenstaub bestäubt,
Um die nächsten Blüten zu beglücken,
Die uns beduften und entzücken.

Für Walter, den Gescheiten

Alle Glocken sollen klingen!
Alle müssen Hymnen singen!
Es gelingt nur nicht so ganz als Ganzes –
Das Ständchen entbehrt des nötigen Glanzes!
Was feine Ohren so sehr betrübt:
Das Läuten und Singen gehört geübt!
Aber alle, welche die Bemühung hören
Werden andachtsvoll und ehrlich schwören,
Dass mit diesen gutgemeinten Tönen
Nur einer gefeiert werden kann:
Der, wie allerorts bekannt
Unter unseren zwei Söhnen
„Walter unser" wird genannt!
Du bist jetzt achtundzwanzig Jahre jung,
Warst auch traurig, hast viel gelacht,
Schöne Bilder meisterlich gemacht,
Oft gezweifelt, herumgedacht –
Und diese Zeit doch sehr gut
Hinter dich gebracht.
Mach' so weiter,
Unser braver G'scheiter!

Eine seltene Briefmarke

(Für die kleine Celina in Zederhaus)

Der liebe Gott hat die Löwen nicht gemacht,
Damit sie auf unseren Wiesen liegen
Und dort Schnupfen oder Fieber kriegen!
Ein Löwe gehört nach Afrika
Aber nicht auf diese Marke da!
Doch ein Löwe ist es nicht,
Auch kein Zebra oder Tiger.
Dieses unbekannte Tier
Könnte ein Zebralöwe sein
Oder eine Tigerkuh –
Aber das ist es alles nicht!
Kein Löwe, kein Zebra, kein Tiger, keine Kuh ...
Was meinst denn du dazu?

Sekt

Hier ist eine Flasche –
Drinnen ist der Sekt.
Zum Öffnen gibt es eine Lasche,
Damit er meine Sinne weckt.
Ich hab' den Sekt getrunken,
Leuten, die nicht da waren, zugewunken!
Was ist denn mit mir los?
Sehr fast wäre ich ertrunken!
Mir ist wie einem Schwimmer,
Der nicht mehr schwimmen kann.
Um diesen Zustand zu ertragen,
Werde ich mich am Schnapserl laben...
Der Doktor hat mich dann geweckt –
Mit einem Glaserl Sekt!
Mein Entschluss:
Saufen macht Verdruss!

Segen

Nach dem Entweichen aus der Wiege
Traf eine junge Dame
Einen jungen Herrn auf einer Stiege.
Er wusste nicht, wo er besser wohnen sollte -
Sie machte sich ganz klein –
So konnte auch er wohnend in ihrem Zimmer sein.
Sie schauten einander in die blauen Augen:
Das ist gefährlich!
Es macht begehrlich!
Den Rest wissen nur die beiden, nicht ich.
Ich glaube, sie verliebten sich.
Nach einer längeren Zeit
War es dann soweit:
Eines Tages war sie da:
Es ist die kleine Silvia!
Ich finde es besonders nett:
Die Familie ist jetzt komplett!

Wir geben euch unseren Segen
Damit alles gelingt auf euren Wegen.
Es steht euch offen die ganze Welt –
Doch auf Besuch kommt ihr auch, gelt?
Wir haben eine Tochter dazubekommen –
Liebe Sarah, sei uns willkommen!

Schade!

Sie lässt schon nach,
Die Wortgewalt.
Ich, der jungen Dichter Lichtgestalt,
Bin alt, sehr alt.
Die einst geweste Spritzigkeit
Weicht einer gewissen Witzigkeit –
Diese wird oft nicht verstanden,
Wenn beim Leser nicht vorhanden!
Auch Reime werden nicht geschätzt:
Sie waren damals, sind nicht für jetzt.
Soll ich mich dazu verpflichten,
Aufzuhören mit dem Dichten?

Schon lang ist der Gedichte Liste.
Beim Lesen muss man denken,
Dabei die Blicke niedersenken.
Bequemer sitzt ihr vor der Kiste
Um euch vom Denken abzulenken!
Aus ihr strömen die Novitäten,
Die uns – ohne Kiste –
Sehr sehr fehlen täten!
So verblasst die Lichtgestalt
Vor der Kiste mit Gehalt!
Gerade
Denk' ich:
Schade!

Respekt

Ein Baum steht an des Waldes Rand,
Das stört den Stier am Wiesenrand.
„Du störst mich!" sagt er zu dem Baum.
Warum denn nur, warum?
„Ich brauch viel Platz, viel Raum.
Darum!"
„Ich wachse doch schon lange hier –
Dieser Platz gehört nur mir!"
Der Stier macht einen Satz,
Beschmerzt sich an des Baumes Ast.
Er ist verletzt und in die Wiese
Rückversetzt,
Läuft davon in großer Hast.
Man lerne daraus dieses hier:
Ein stiller Baum ist stärker
Als ein starker, doch dummer Stier.
Die Menschen – also wir –
Sind auch ähnlich einem Stier,
Glauben stark zu sein,
Sind oft nur dumm;
Zuerst sind wir schwach und klein,
Später werden wir dümmer sein.
Darum:
Die Geschichte hab' ich mir gemerkt,
Damit sie den Respekt verstärkt.

Regen

Endlich der ersehnte
Regen vom Himmel fiel –
Nach zehn Tagen war's dann zu viel!
Die Menschen mit Gehirnen
Dachten unter Regenschirmen:
Wie gut sind Schirme zu benützen,
Um kahle Leute und solche
Mit Locken sowie Zöpfen
Aufgespannt zu schützen!
So kann man durch Tore von Universitäten
Oder Türen von Kirchen und Lokalen
Trockenen Fußes treten
Zwecks andächtigem Beten,
Capuccino trinken,
Sogar im Hörsaal
In den Trockenschlaf versinken.
Ach, ist dieses Leben schwer –
Bei langem Regen feucht und sehr!

Sarina

Sie hinterlässt einen süßen Duft.
Wenn sie hinausgeschwoben,
Duftet es im Zimmer zart –
Ich merke es mit und ohne Bart.
In des Zimmers warmer Stille
Duftet es unten und ganz oben
Nach exotischer Vanille.
Vielen Dank für alles und die gute Luft,
Veredelt mit Vanilleduft!

Papier

Sechs Blätter liegen hier:
Glatt, gefühllos, weiß;
Baum, Maschine, Papier.
Für den, der schreibt,
Eine Hinaufforderung,
Etwas, was ihn treibt.
Keine Maschine ist, die dichtet –
Nur von wichtigen Dingen wird berichtet:
Reiche Kinder schon in den Wiegen,
Für den „Popstar" die achte Braut,
Von einem, der einem anderen die Zähne herausgehaut.
Diese Berichte eigenen sich nicht
Für erhabene Gedichte!
Sechs Gedichte fehlen noch –
Im Hirn ein schwarzes leeres Loch!
Ich muss was trinken, jetzt und hier –
Am besten wohl ein großes Bier.
So kann ich durch das Zimmer schwanken,
Durchweht von wichtigen Gedanken,
Das Resultat steht auf dem Papier –
Es ist nicht von mir, nein, vom Bier!

Glück mit Tanja

Wie glücklich dieser Mann,
Der die schöne Tanja
Als Freundin haben kann!
Ihre großen Augen
Können ihn zu ihr hinsaugen
Ja, ja!
Diesen himmelblauen Augen
Kann er voll vertrauen!
Sie hat sich ihm geschenkt –
Vom Himmel genau zu ihm gelenkt.
Da gibt es wohl kein Schwanken –
Er wird sich beim Himmel
Freudevoll bedanken!

Gewitter

Der Himmel blau,
Ein Wolk allein
Auf Wolkenschau!
Es kommt schon eine angeschwebt;
Sie hat sich an ihn geklebt.
„Du Wolk, ich heiße Wolke,
Bin im Süden geboren,
Unten bei den Mohren."
Eine Riesenwolke wurde draus,
Mit dem Himmelsblau war's aus!
Alles wurde jetzt wolkakisch –
Für uns Menschen unsympathisch.
Die Liebe war bebend-zittrig,
Es wurde hagelig-gewittrig.
Nachdem man ausgewittert war,
Trennte sich das Wolkenpaar.
Wolke zog nach Süden,
Um zu fasten
Und weitere Gewitter einzuüben.
Der Wolk, weil er bequemer war,
Las im Wolken-Kamasutra.
Sie trafen sich nach einem Jahr –
Eine Riesenwolke wurde draus,
Mit dem Himmelsblau
War's wieder aus.
...
...

Geduld

Eine Schwalbe macht noch keinen Sommer,
Eine Salbe macht mich auch nicht frommer.
Wenn die Schwalben dann gekommen,
Haben Mückenstiche abgenommen.
Dieses ist jetzt nicht zum Scherzen:
Trotz vieler Salben hab' ich Schmerzen!
Sie haben überhaupt nicht abgenommen –
Vielleicht muss ich die richtige erst bekommen?!
Das hoffe ich und gedulde mich...

So geht es aber auch nicht ewig –
Vielleicht werd' ich dadurch selig?
Ich kann's ja wagen
Und den Vatikan befragen!
Es kann sein, dass sie oben in einem Eckerl
Noch ein kleines Fleckerl
Zu verkaufen haben.
Der Preis ist hoch –
Das kann man sich denken:
Die Geistlichkeit wird nicht so leicht
Etwas verschenken.

Oleander

Zur Zeit des großen Alexander
Lebte auf Kreta ein Mann mit Namen Oleander.
Er hatte Haus, Frau, Kinder, Geld
Und war ein arger Frauenheld.
Seine amourösen Eskapaden
Waren kaum mehr zu ertragen.
Ganz im Vertrauen:
Mädchen und auch Ehefrauen (!)
Liefen ihm ach, ach, ach...
In Scharen nach!
Nicht nur zum Spaß
Na so was!
Er brauchte sich nur zu bücken,
Um sie nacheinander abzupflücken.
Unter den Frauen war eine dunkle, schöne,
Die wollte das nicht leiden –
Sie bat ihn über Nacht zu bleiben.
Diese Dame behandelte mit Säften und mit Giften,
Um mit magischen Kräfte
Hunde zu vergiften
Oder faltige Gesichter zu glätten und zu liften.
Sie gab ihm eine dicke Milch...
Er bekam Schmerzen, fiel um – bumm!
Obwohl die Ärzte sich sehr bemühten,
Wurde aus ihm ein Strauch mit dickem Saft
Und roten Blüten;
Diese steckte sie sich in das schwarze Haar,
Sodass sie jetzt die Schönste war.
Wir wissen es seit jener Zeit:
Von einem Helden zu einem Toten ist es nicht sehr weit!
Genießt den Duft der schönen Blüten,
Doch vor dem Saft sollt ihr euch hüten!

Zuzana 1

Herbei, herbei!
Ich möcht' eine Schwester aus der Slowakei!
Meine Eltern konnten sie mir nicht geben,
So musste ich ohne Schwester leben.
Eines Tages kam zu mir auf geheimnisvollem Wege
Ein liebes gutes Mädchen für mich zur Pflege.
Sie war zwar keine Schwester und auch kein Bruder,
Aber mein Leben lief ein wenig aus dem Ruder...
Sie ist wie eine weiße Lilie
Und gehört als Freundin zur Familie.
Wir haben nicht gestritten, viel gelacht...
Danke, Engel, gut gemacht!

2008

Noch essen die Leute Ostereier –
Da verfinstert sich der Himmel:
Es sind die dunklen Pleitegeier.
Aus diesem drohenden Gewimmel
Sind sie herabgestürzt
Und haben die Banken eingekürzt...
Man hätte es früher sehen müssen,
Statt jetzt das Staatsgeld abzuküssen!
Wir sind im Geld geschwommen,
Die Geier haben es uns genommen.
Aber wir haben Holz genug,
Genug, genug!,
Um aus Holz wieder Geld zu machen;
Wieder nicht hören wir die Geier lachen:
Betrug! Betrug! Betrug!
Wir sind bald wieder da
Im dunkeldrohenden Gefieder...
Zu früh gefreut! Wir kommen wieder!

Du (für Männer)

Dir kann ich vertrauen –
Du bist wie eine Eiche anzuschauen.
Ob ich friere oder schwitze –
In Kälte oder Hitze
Hast Du mich schon oft beschützt;
Auch fühl' ich mich von Dir nicht ausgenützt.
Die starke Liebe, die Du mir gibst,
Gebe ich Dir mehrfach wieder:
Nur kann ich's nicht so schnell –
Mein Herz geht langsam auf und zu!
Ich bin ein wenig empfindlich-ängstlich.
Du bist mit mir behutsam-zärtlich.
So fest, wie Du mich liebst,
Liebe ich Dich auch, mein starker Du!

Es geschehe DEIN WILLE!

Eine Liebe und ein Gott –
Wer kann sie unterscheiden?
Soll die Liebe den Gott
Oder Gott die Liebe beneiden?
Beide schweben oben im Himmel
Und auch im menschlichen Gewimmel.
Hoffen wir und beten wird, dass sie helfen,
Damit auf dieser Erde
Endlich einmal Frieden werde!
Wir wissen und wir glauben,
Dass sie zusammen die heiligste Kraft im Weltraum sind;
Sie wohnen und wirken überall:
In Blumen, in Tier und Baum, in jedem Kind.

Ein Gott und eine Liebe
Lassen sich nicht trennen –
Wir sollen Gott DIE LIEBE
Und die Liebe HERRGOTT nennen.
Wir müssen Streit und Lärm vermeiden,
Damit wir in Ehrfurcht in der Stille
In freier Luft oder hinter Türen
Das göttliche Feuer der Liebe verspüren.
Erkennend: JETZT GESCHIEHT DEIN WILLE!

Floh und Wanze

… Fragt Frau Floh die Wanze:
„Stinkst du eigentlich als Ganze?"
Sagt die Wanze zur Frau Floh:
„Nein, nein – ich stinke einfach … so."
Dann fragt die Wanze die Frau Floh:
„Hüpfst du eigentlich nur … so?"
Lachend sagt Frau Floh zur Wanze:
„Nein, nein! Ich hüpf' als Ganze!"

Für Nostradamus posthum

Lieber Nostradamus!
Ich bitte um Verzeihung,
Aber lass' sie Prophezeihung!
Fast nichts ist von dem geschehen,
Was du angeblich schon vorher hast gesehen.
Du kannst wie jeder andere auch
Nur ein paar Meter in die Ferne sehen!
Mir sind die Säer lieber als die Seher.
Denn was ein Säer sät,
Ich selber sehen, und dann
Sogar auch essen kann!

Gruß

Wieder ist ein Tag vergangen
Von Nebel und Wolken verhangen,
Doch eines ändert das Wetter nicht:
Freundschaft und Liebe zusammen
Leuchten mit besonders hellem Licht!

Jetzt ist es ganz finster;
Schlaf'gut! - - -

Dieses kleine Blütensträusschen
Von unserer Alm mit ihrem Häuschen
Soll dich herzlich grüßen
Und dir die Luft versüßen.
Aber nimm's nicht in den Mund -
Ich glaube, das wäre ungesund!
In diesen dunklen Tagen
Will ich dir das Wichtigste sagen:

Dein Helmut liebt dich sehr!

Ich

Ich war nicht immer der,
Von dem ich glaubte, Ich zu sein.
Das Außen-Ich wird bald verwesen
Und ist nur kurz gewesen.
Das andere Ich sollte sich mit andern
Solchen Ichs getroffen haben,
Zu bilden neue geistige Samen.
Dies will ich gerne hoffen. Amen!

Löwenzahn

Ein Löwe saß am Rande einer Wiese
Und hatte eine psychische Krise.
Er dachte sorgenvoll bei sich:
„Warum bin ich ein Löwe?
Warum gerade ich?
Es stört doch sehr und ärgert mich,
Dass ein Löwe bis zum Überdruss
Immer Fleisch fressen muss!“

Also nahm er sich ein Herz
Und aß nur Hirsebrei und Sterz.
Seine Zähne wurden gelb davon -
Sie gefielen ihm nicht ...
Er spuckte sie so heftig aus,
Dass sie in hohem Bogen
Weithin in die Landschaft flogen.
Seit dieser dramatischen Szene
Sind die Wiesen voller Löwenzähne!

An einen Dichter

Leichtgewichte
Erzeugen Kurzgedichte.
Ein dichtendes Genie
Beschäftigt sich mit Poesie.
Mit besonderem Geschick
Schwebt man auf zur Lyrik:
Bedeutende Gedankensprünge,
Himmelwärtse Wörterschwünge
Kräuseln sich ins Firmament ...
Ob man dort die Lyrik kennt?
Dich muss ich wirklich loben,
Denn lyrisch bist du schon weit oben!
Schreib'an Tiefgedanken weiter -
Aber vergiss nicht:
Bleibe heiter!

DAS GRAB
Des Unbekannten Dichters

Wie Nebel oder Rauch

Selbstgespräch eines Bauern, in einem Lehnstuhl
Vor dem Küchenherd sitzend;
Die Bäuerin schläft auf einer Eckbank
Und schnarcht.

„Manchmal möcht ich sein wie Nebel oder Rauch!
Du auch?
Wie schön es doch wäre,
Zu entweichen dieser Ofenröhre
Um hinaufzusteigen zu den Wolken!
Aber – wer hätte morgen die Kühe gemolken?
Oh Schreck, wir wären ja beide weg!
Ach was! Sollen die Viecher sich doch selber melken!
Auch sollen sie einmal spüren,
Wie schwer es ist, einen Haushalt zu führen!
Wir würden jedes Gefühl verlieren
Für dieses mühsame Dahinvegetieren:
Für Milch, Rahm, Enkelkinder, Firmlinge, Butter -
Ja sogar für die Schwiegermutter!
Den Schweinen könnten wir noch Wasser geben,
Dann als Rauch entschweben.
Über Wiesen und Wälder streichen,
Einander die winzigen Händchen reichen;
Das würde die abgenutzte Ehe stärken -
Und lustig: niemand könnt's merken!
Sollte uns jemand zu Kaffee und Kuchen
Einzuladen versuchen,
Würden wir sagen:
Es ist von Ihnen ausgesprochen nett,
Aber leider! Dies tut nicht gut unserem zarten Magen!
Ihr Kuchen ist für uns sogar in Bröselform zu fett!

Wir könnten mit diesen Bröseln im Bauch
Nicht als Nebel oder Rauch
Zu den Wolken in den Himmel steigen,
Um mit den Engeln einen Walzer zu geigen.
Einiges ist schon zu bedenken:
In Tröpfchenform kann man nichts nehmen, nichts schenken!
Dieses Rauch-, Dampf- oder Nebelleben
Würde uns alles das nicht geben,
Was uns das übliche Leben zu geben verspricht:
Essen, Schlafen, Lieben, elektrisch in die Ferne sehen,
Radio hören, Zeitung lesen, spazieren gehen.
Also meiden wir den Ofen mit seiner heißen Röhre,
Damit aus uns kein Rauch oder Nebel werde!
Aber dennoch:
Manchmal möcht' ich sein wie Nebel oder Rauch.
Du auch?"

Die Bäuerin seufzt und schnarcht.

Das Alm-Trinklied

Trinken wir auf Täler, Berge,
Feen, Zauberer und Zwerge,
Auf Rehe, Vögel, Mäuse,
Auf Käfer, Raupen, Läuse,
Auf Wälder und Kartoffelfelder,
Auf die schönen Frauen,
Die so prächtig anzuschauen!
Im Paradies – auf meiner Alm
Gibt es keinen Apfelbaum,
Da wo Äpfel fehlen,
Kann es keine Sünden geben!
Auf meiner Alm ist's wunderbar -
So wunderbar, wie's immer war.
Entflieht dem Lärm und auch dem Qualm -
Kommt zu mir auf meine Alm!
Also trinkt, ihr lieben Leute!
Geh'n wir schnell und munter
Zum plätschernden Brunnen hinunter:
Klares Wasser gibt es hier -
Viel besser als das beste Bier!
Dieses Wasser kann man trinken,
Ohne gegen den Wind zu stinken!
Und – habt ihr noch so großen Durscht:
Meinem Brunnen ist es wurscht!

Basta!

Die Welt ist verwirrt – warum?
Sie liegt im Siechentum.
Ist der Mensch des Schöpfers großer Irrtum?
Ich getraue mich das schon zu sagen,
Denn wie wir die Welt beschmutzen,
Sie benagen und benutzen,
Kann kein Planet vertragen!
Kühle Wälder, blanke Seen,
Weiße Strände, Kokospalmen –
Was nützt das in die Kirche Kriechen,
Das Beten und Singen von Psalmen und endlosen Chorälen?
Die Welt wird weiter siechen.
Viele Leute tun lachend Sachen,
Um vor allem Geld zu machen –
Ob es unserer Welt gefällt,
Wird nicht gezählt.
So wird Wertvolles vertrödelt –
Diese Leute sind verblödelt!
Geltgier ist ein böses Laster –
Basta!

Glück

Einander in die Augen schauen
Das geheimnisvolle Leuchten sehen
Ein warmes Nestchen bauen
Unser Leben gemeinsam gehen -
Dieses kleine wertvolle Stück:
Das ist Glück!

Das Gedicht

Das Hirn wird ausgepresst:
Fort mit Zeitungsquatsch,
Leserbriefen, Tantentratsch!
Was bleibt, ist gut,
Hat Gewicht –
Gut ist der Rest,
Der Rest ist ein Gedicht.

Der Biosoph

In einem Wald aus Biobäumen
Lässt sich's biologisch träumen.
Der Biosoph rankt sich um die Bäume
Und hat wesentliche Träume:
Bio-Tage sind nicht heller,
Vergehen jedoch biologisch schneller.
Nach langem Bio-Sitzen
Suche man nach Bio-Pilzen.
Die Qualität wird am Wurmgehalt gemessen;
Auch Bio-Würmer werden nicht gern gegessen.
Der Biosoph hat folgendes bemerkt:
Er kocht das Fleisch von einem Bio-Pferd
Auf seinem Bio-Herd.
Sein Bauch hat sich biologisch aufgebläht –
Andere Blähs werden von ihm verschmäht!
Nach dem vielen Denken
Will er sich was gönnen, was schenken.
In eine Schenke oder in's Lokal
Will er seine Schritte lenken,
Wohin, ist ihm egal.
Er bestellt ein helles Bio-Bier,
Schwankt bedenklich hin und her,
Das Glas ist viel zu schnell ganz leer.
Er trinkt ein zweites, dann ein drittes -
Ist unter den Tisch gesunken
Und hat fort fröhlich weitergetrunken.
Aus ihm ist ein Biosoff geworden –
Dafür gebührt ihm der Bio-Säufer-Orden.
Er trägt diesen mit Stolz und Würde,
Und zielt auf die nächste biosophische Hürde.

Der Gedanke

Ein Gedanke hat's doch fein:
Er kann eigentlich immer
Und das ist schlimmer:
Überall und nirgends
Oder überhaupt nicht sein!

Dieses Wetter

Wie früher ist es nimmer –
Es wird ja immer schlimmer!
Es war Sommer oder Winter;
Ich komme nicht dahinter!
Auch oben werden die Götter in
Diskos toben, bis das Hirn kaputt
Und gewaschen ist;
Denn auch sie wissen nicht mehr,
Was gut ist und was Mist.
Ich will nur Götter loben,
Die wissen, wann es schneit
Oder Sommer ist.
Heute leben viel mehr Straßenköter
Als Wetterzustandsgötter!

Der Kelte

Ich kannte einen Mann,
Der seltsam leben kann.
Ob er noch am Leben ist –
Davon weiß ich nichts.
„Ich mag nicht die jetzigen Welten,
Also lebe ich wie die Kelten!“ sagte er.
Seine Sprache war eher steirischer Natur.
Er redete viel,
Fuhr mit seinem Auto hin und her,
Wahrscheinlich,
Weil Kelten so wie Lemuren
Auch schon mit dem Auto fuhren.
Er hielt sich an keltische Etiquette,
Benutzte Rasierschaum von Gillette,
Zum Zähne säubern,
Nahm er Fünftagesbärte von Straßenräubern;
Sah aber bald ein:
Bequemer ist ein Supermarkt,
In dem es Bürsten gibt und guten Wein.
Zum Abkassieren
Saßen bärtige Druiden
Auf moosigen Menhiren.
Dort konnten sie Lederhosen kaufen
Und Gösser-Bier zum Saufen.
Ich konnte es mir ja denken;
Auch die Kelten waren Konsumenten!
Sie gingen nicht nackt
In einen keltischen Supermarkt;
Die echten Kelten lebten nicht so unbekleidet,
Wie eine Kuh, die auf einer Wiese weidet.
Ja, ja – sie kannten auch keine FKK.

Der „Kelte“ war nicht sehr fleißig:
Er meinte zu leben im Jahr siebzehnhundertdreißig.
Ich hörte ein dumpfes Grollen –
Hätte das ein Gruß sein sollen?
Es war das Auto, das keltisch fahren sollte,
Dies jedoch gar nicht wollte.
Die echten Kelten waren nicht so dumm
So wie die Touristen,
Die alte Steine vom Boden aus betrachten
Und das alte Stonehenge bemisten.
Der Unterschied ist zu beachten!

Lieber Kelte, gute Nacht!
Tschühühüsss – ich habe mich davongemacht.

(Nach einer wahren Begegnung in Murau 1997)

Glockenblumen

Ob der Mond die Nacht bewacht
Und Elfen auf den Moosen tanzen,
Oder die Sonne herunterlacht
Auf Länder, Menschen, Kühe, Wanzen -
Wenn laue Luft über Wiesen streicht,
Den Blüten süßer Duft entweicht,
Mischt sich in das Bienensummen,
Käferkrabbeln, Hummelbrummen
Ein feiner zarter Glockenton -
Still! Du hörst sonst nichts davon!

Das Meeresschnecken – Rendezvous

… So spricht das Stachelmäulchen
Zu dem Stachelküsschen:
„Ist es nicht zum Heulchen?
Ich werde dich spitzig küssen müsschen!“

...Darauf das Küsschen zu dem Mäulchen:
„Das ist nicht so schlimm,
weil ich selber spitzig bin!“

Der Gestank

Fast alles, was in einem Kübel ist,
Stinkt und heißt Mist.
Man stellt ihn vor die Tür;
Wegtragen! Dafür.
Was da alles drinnen ruht:
Eine schimmelige Wurst aus Blut,
Ein alter mottiger Herrenhut,
Was übrig ist vom Kochen,
Von einem Huhn die abgenagten Knochen;
Eine grüne Lacke aus Spinat,
Der alte Radioapparat,
Den man anders zu ensorgen hat.
Auch eine Flasche für den Wein –
Man kann nur hoffen:
Wir haben ihn ausgesoffen!
Am schlimmsten ist der menschliche Gestank!
Er macht mich ärgerlich und Nasen-krank.
Wenn jemand stinkt und kann es nicht vertuschen,
Dieser Jemand soll besser duschen!
Zum Himmel stinken ist eine Sünde!
Dafür bestehen keine Gründe.
Es gibt ein Gegenargument,
Das man „Deo“ nennt.
Dann atmen wir in guter Luft,
Veredelt durch den Rosenduft;
Davon haben alle was:
Deo gratias!

Der Stammbaum

Bäume streben aus dem irdischen Gewimmel
Hinauf in den –
Träume herunter – aus
Dem blauen Himmel.
Was sie oben besorgen
Bleibt uns herunten
Oft ganz verborgen.
Vor einem, der im Walde schlich –
In Träume ganz versunken –
Erhob eine Wurzel sich,
Sodass dieser eine, nämlich ich
Stolperte und mühsam weiterholperte.
Träume und die Bäume
Haben's gut dort oben und luftig
Ich auf der Erde dunkel-muftig
Die Krone genießt die Luft,
Sie kämpft gegen Sturm und Wind
Die Wurzel steckt im Boden tief
Wo die Knabberwürmer sind.
Gemütlich hat's des Baumes Stamm
Er kämpft nur selten gegen Wurm und Winde.
Wäre ich ein Stück vom Baum
So wünscht' ich zu sein der Stamm
Mit Wurzel und auch Krone
Dann könnt' ich der Stammbaum sein
Für viele liebe Kinderlein!

Selbsterkenntnis

Nein! Nein!
Das darf nicht sein!
Soeben lag der blöde Schlüssel
In der ebenso blöden Schüssel!
Ja! Ja!

Auch die Schüssel ist nicht da!
Wer ist denn hier der Meister?
ICH – oder sind es Geister?
Muss ich in meinen besten Jahren
Nach blöden Schlüsseln
In ebenso blöden Schüsseln jagen?
Oder ist im Kopf ein Loch
Für flüchtende Gedanken,
Die sich in das Weltall ranken,
Wo sie fern von meinen Knochen
Ihre eigenen Späße kochen?
Ich suche in meinen Manteltaschen
Um ein Taschentuch zu fassen …
Bei diesem heftigen Gewühl
Hab' ich ein Gefühl:
Hier ist's glatt und kalt!
Ja! Ja!
Ich werde langsam alt.

Karriere

Zwei Frauen, die sich
Alles laut zu sagen trauten,
Redeten sehr laut in allen Straßen,
Wobei sie nichts vergaßen.
„Das ist doch der... der... der...
Politiker!
In der Tasche hat er schon
Vom Freunderl der anderen Partei
Eine „kleine ehrliche Million“.
Er steigt die Stufen hinauf
Zu seinem herrschaftlichen Heim
Und hinterlässt eine Spur aus Schleim!
Bei einer Schnecke ist das normal und gut –
Dem Politiker brennt der Hut.
Er hat das Feuer ausgemacht
Und die Million zu einer
Inselbank gebracht.
Er hat zwar nicht viel davon...
Später vielleicht sein Sohn.
Politisch ist er ein Knüller,
Der Sektionschef Herbert Müller.
Eine zweite faule Million
Hat ihm der Tod von Staaten eingebracht –
Bravo Herbert, gut gemacht!
Der Tod von Menschen in diesen Staaten
Ist ihm egal –
Sie sind nicht mehr, sie waren einmal.
Er bekommt vom Freunderl
Einen neidigen Schuss –
Das ist der Karriere-Schluss.

Ist das nicht gemein?
Sooo teuer darf doch Schleim nicht sein!

Haare

Lange Haare sind viel schöner!
Sagt der junge Mann und Haarekenner.
Die größten Malheure
Für lange Haare
Sind Friseure,
Die – von Schwierigmüttern bestürmt –
Die Haare gebirgsartig aufgetürmt.
So kommen lange Haare
Schneller in die Jahre.
Man hat viel gestritten
Und sie einfach abgeschnitten.
Und – hast du nicht gesehen?
Die Haare kommen nicht so schnell,
Wie sie gehen!
Aus der einstigen langen Pracht
Wird ein Schlachtfeld gemacht.
Zu guter Letzt
Wird aus fremdem Haar
Eine Perücke aufgesetzt.
Man ist fest beheimatet
Und hat den Haarefreund geheiratet.
Was ihn damals so entzückte,
Ich eine fremdliche Perücke!
Fremde Haare auf dem Kopf!!
Viel schöner ist der eigene Zopf.
Wegen der Haarespalterei
Brach die Ehe bald entzwei.

Mist

Ein Mann rief hinter einem Mädchen her:
„Lass mich dich küssen,
Ich liebe dich so sehr!
Ich bin ein Meister in solchen Sachen;
Du wirst mich auch gleich lieben müssen,
Ich schenk' dir eine goldene Kette,
Ich bringe dich zum Lachen;
Dann klebst du an mir wie eine Klette!"
„Weißt du, was ein Esel ist?
Einer, der wie du kratzende Kletten frisst,
Mich kannst du nicht mit Ketten fangen,
Nach Kuss und Kette hab' ich kein Verlangen.
Du musst ohne Ketten lieben können,
Dann würde ich-
VIELLEICHT!
Mich dir für kurze Zeit vergönnen,
Bis es mir für immer reicht!"
Der Mann hat dem Mädchen lange nachgeschaut –
„Ich glaube, da hab' ich Mist gebaut!
Ich wundere und ärgere mich...
Die anderen waren nicht so zögerlich!"

Schwierigmütter

Meistens ist es schwierig
Mit einer Schwiegermutter!
Eine Mutter meint ja immer,
Sie sei die beste Frau für ihren Sohn;
Das sagt man so – aber wer glaubt das schon?!
Oh, die bösen Schwiegertöchter!
Der undankbare Sohn!
Ein junges Mädchen möchte er!
Die Jugendfrische zieht ihn mächtig an –
So stark, dass er nicht anders kann!
Liebe Mutter! Du hast mich gerne
Ich weiß, ich weiß..., ich weiß...
Lange genoss ich deine mütterliche Wärme;
Du kannst alles sehr perfekt:
Socken stopfen, Suppen kochen, ich weiß, ich weiß,...
Aber mich reizt das jüngere Konfekt,
Wo die Liebe anders, einfach jünger, süßer schmeckt.
Mich zieht es zu diesem Mädchen hin
Es blüht und duftet nur für mich –
Und das ist ein Ärgernis für dich?
Zwar ist diese Zeit für dich vorbei,
Jedoch war's damals auch für dich nicht nur „so nebenbei"!
Auch dein Vater hat geweint:
Ein Mann mit meiner Tochter – er ist mein Feind!
Diese Haltung habt ihr später dann bereut
Und euch über Enkelkinder sehr gefreut.
Solche Geschichten gibt es immer wieder
Die Gefühle gehen auf und nieder
Sie sind nicht viel wert, wenn diese andere Liebe
Die Jugend zueinander zerrt.

Platz, Pfui!

Die gute Erde ist schon besetzt.
Die schlechte verbraucht und abgewetzt.
Auf schlechter Erde ist nicht gut leben –
Sie kann dem Menschen nichts mehr geben.
Im Schlamm sowie im Wüstensand
Lebt man schlecht, das ist bekannt.
Wir sollen trotzdem küssen, lieben,
Aber nicht zur viele Kinder kriegen!
Sind Kinder auch ein Schatz –
Sie brauchen Platz!
Um mit vielen anderen
Kindern zu spielen und zu wandern.
Später muss man Kleider kaufen:
Nicht einmal im Schlamm und Sand
Wird nackt herumgelaufen!
Nackte Menschen – oh wie pfui!
Die kommen in die Hölle
Auf glühendes Gewölle!
Dort schmoren sie langsam weg –
Tränen der Reue haben keinen Zweck.
Sie sind ja schon vom Papst verbannt,
von der Erde weggebrannt.
Aus Vulkanen wird Asche heraufgeschossen;
Ich habe daraus geschlossen:
Es könnten pfui! grausige Gespenster
Oder noch pfuier veraschte Sünder sein!
Ich schließe Tür und Fenster;
Ich bleib' daheim.
Flieger dürfen jetzt nicht fliegen,
Um nicht diese Asche abzukriegen!

Mahnung

Flöhe, Zecken, Mücken –
Die sollen uns entzücken?
Aber trotz des ganzen Spottes:
Es sind Geschöpfe Gottes!

Marion

Lange schon
Bin ich stolz
Auf meine Freundin Marion!
Innen weiches,
Außen raues Holz:
Die allerbeste Mischung
Zur geistigen Erfrischung.

Marion

Wer kann sich erdreisten,
Sich gleich zwei Ferraris zu leisten?
Wer kann das sein?
Es ist Frau Marion Heim!
So leicht geht sie niemandem auf den Leim.
Ja, die liebe Marion,
Sie kennt man weit herum und lange schon.
Ohne dieses tüchtige Wesen
Wäre beim PITZ nicht viel gewesen.
Sie geht mit federleichtem Schritt,
Da komme ich leider nicht mehr mit.
Manchmal ist sie streng und ernst,
Damit du Treppensteigen lernst!
Sie natürlich hat sehr viel Kraft,
Und steckt derzeit voll im Saft.
Sie schwebt durch's PITZ in jugendlichem Glanz –
Bitte Marion, mach mich wieder ganz!
Sie schlitzäugt mich von der Seite an –
Ich weiß, sie tut alles, was sie kann.
Sie will ja nicht nur Geld verdienen,
Nein – sie will den Patienten dienen,
Deren Schmerzen lindern,
Kann aber des Lebens Lauf nicht ganz verhindern.
Kurz... eine Therapeutin
Ganz nach meinem Sinn!
Sie versucht, mich in meinen hohen Jahren
Vor noch mehr Unheil kunstvoll zu bewahren.

Danke! Helmut
Ty si velmi dobrá!
(Du bist sehr gut!)

(„PITZ" ist ein Therapiezentrum in Bregenz)

Karneval

Unsinn, Unsinn – du mein Vergnügen –
Blödsinn, Blödsinn – du meine Lust!
Ach, wie schön ist doch das Leben,
Wenn du lustig scheinen musst!

Ach Mensch, man muss ja auch mal lustig sein!
Das ist erreichbar durch das Trinken von vielem Wein.

Nimm dich nicht zu ernst,
Damit du dich besser kennenlernst!

Nach-Gedacht 1945

Keiner, der im Wahnsinn
Einen Krieg beginnt,
Soll glauben dürfen,
Dass er ihn gewinnt!
Von Beginn an sei
Ein solcher Krieg verloren!
Dieser Mörderzeit
So viele Kinder hineingeboren;
Die nicht gelebten Kinderjahre,
Die Jugend zu wenig ausgekostet,
Zu wenig zugeprostet,
Zu wenig verliebt,
Zu wenig geliebt, geküsst?
Würde ich es anders machen,
Wenn ich wiederkommen müsst?
Viel lachen,
Mehr dumme Sachen machen?
Die vielen geraubten Jahre –
Manipulierte Jugend – eine Ware!
Keine Gedichte!
Diesen schmutzigen Flecken
Der menschlichen Geschichte!!

Souvenir

Es ruft ein Geist,
Der Uray heißt:
Hört, hört,
Wer hat mich gestört?
Es ist der Körper
Dieses Kopfes,
Der im Bette liegend,
Gerade eine Spritze kriegend,
Klagt und sagt:
Kopf, sei still,
Weil ich schlafen will!
Der Geist als Kopf zum Körper schwebend,
Sich an diesen klebend,
Ist fort wie Rauch
Und schläft bald auch.

Ein Wunsch

Deine Augen sind schön braun –
Es ist gefährlich,
In ihre Tiefe hineinzuschauen:
Geheimnisse sind verborgen,
Viel Freude und auch Sorgen.
Die Sorgen vergehen schnell –
Dann sind die Augen wieder hell.
Deine schönen braunen Augen
Können mich zu deiner
Guten Seele saugen.
Liebe Zuzana, mach ganz schnell
Deine Augen wieder hell!
Das wünsche ich dir
Und auch mir!

PS. Mist! Ich bin ein Egoist.

Mein grüner Stein

Auf dieser Wiese muss er sein!
Ha! Endlich! Hier ist mein grüner Stein!
Drauf sitzt man besser in grüner Hose,
Auf ihm wachsen verschiedene Moose;
Und ein so moosiger Fleck geht nicht leicht weg!
Hier sitzt ich gerne – warm und weich -
Und überblicke ein riesiges Reich:
Im Osten Berge, im Süden und ebenso im Westen;
Dazwischen ICH: Ein lächerlicher Zwerg!
Aber ich bin glücklich hier -
Liebe Freunde, glaubt es mir!
Wie ich wieder einmal da nur so sitze,
Aber ein wenig mein Gehirn benütze,
Fällt mir plötzlich etwas ein:
AUF EINEM STEIN SITZEN UND GLÜCKLICH SEIN?
NEIN!!!
Ich sollte einen Flug in die Karibik buchen,
... Vielleicht einen Surfkurs in Australien ...
... In einer feinen Therme sitzen ...
Aus allen Poren dieses trügerische Glück ausschwitzen ;
Oder wenigstens ein Seminar besuchen,
Wo man auf SESSELN sitzt und hört,
Wieso man sich nicht überfrisst
Und nicht so EINFACH GLÜCKLICH IST!
Mein Entschluss steht also fest:
In diesem entscheidenden Jahr -
Besuche ich ein SEMINAR!

Ganz leicht ist jetzt der Rest:
Ich fahre in die große Stadt,
Wo man Kurse in Haufen hat...:
Kurse für das Reiten
Kurse für das Streiten
Kurse für das Sockenflicken
Kurse für das Markenpicken
Kurse für das Wandern
Etwas für die einen, etwas für die andern
Kurse, wie man Kurse macht
Wie man weint und wie man lacht
Kurse, wie man Kinder kriegt
Sie zu braven Bürgern biegt
Wie man wenig, aber möglichst teuer isst
Und täglich Gewicht und Umfang misst.
DAS ist mir aber nicht so ganz geheuer:
Der Kurs für's SPAREN ist BESONDERS TEUER!
Beim Kurs über's richtige Wassertrinken
Kann die Lebenskraft ins MINUS sinken!
Kurse für schlaues Zinsenzahlen,
Für das Zeichen und das Malen.
Kurse für richtiges Verbeugen
Kurse für das Geld-Erzeugen
Und DAS braucht heute jedes Kind:
Wie man billigen Kredit aufnimmt!
Ein Kurs für Faschingspartys geben
Und einer für's übrige lockere Leben.
Kurse, wie man richtig schlaft
und die Konkurrenz beiseite schafft.
Weil die Seele leicht vermorscht,
wird sie in Kursen genau erforscht
Hier sind auch Engel als Konzentrat in Karten
Die schon auf ihre Käufer warten!
Nur ist mir völlig rätselhaft,
Wie man die Engel herunterschafft?!

Keine PROBLEME? - Das ist ja gelacht!
Die werden im Problemkurs einfach GEMACHT,
Um sie im Kurs für Träumen und Dösen
Problemlos wieder aufzulösen!

Jemand, der schon dreizehn Kurse hat,
Bekommt zehn Prozent Rabatt!!!

Nun lerne ich, trinke sauren Tee -
Auf meinem Konto schmilzt der Schnee -
Nur hundert Schilling ein kleines Schalerl -
Da wird man schnell zum flachen Laberl!
Ja! Natürlich! So soll es sein:
Mein Geld muss in ein ANDERES Sparbuch hinein,
Um diese lieben Leute zu entzücken,
Die uns so SELBSTLOS mit Kursen beglücken ...

Doch weiß ich nicht mehr, wie man glücklich ist
Und so richtig sauft und frisst!
Wie ich dann fast nichts mehr hab'
Bestell' ich mir ein kleines Grab.
Mit dem allerletzten Lebensfunken
Hat mich mein Stein zu sich gewunken -
So sitz' ich wieder auf dem Stein!
Zwar bin ich ärmer,
ABER MIR IST'S WÄRMER.
Nur Mut! Sag' ich; nur Mut!
Ich lebe ja auch SO ganz gut!
Vielleicht hätt' ich meinen grünen Stein
Niemals SO SEHR geschätzt -
Wie gerade JETZT.

Die Gottesanbeterin

Das süße Weibchen flehte:
„Lieber Gott, gib mir was zu fressen!"
Der „Liebe Gott" sprach ungerührt:
„Friss einfach deinen Mann,
Weil er dir gebührt,
Und ich nichts Besseres bieten kann!"
Gesagt, getan: Gefressen war
Des Weibchens Mann.
Die süßen Weibchen voller Saft
Ziehen Männer an mit großer Kraft.
Auch so mancher Kirchenmann
War auf Weibchen ganz versessen
Und wurde nachher aufgefressen.
„ER" hätte Frauen nicht erschaffen sollen!
Die Kirche ist dagegen!
„ER" hat es aber so wollen:
Deswegen.
Liebe Männer, nicht vergessen:
Weibchen können nicht nur Schokolade –
Nein! – Auch Männer fressen!
Das süße Weibchen träumt,
Auch wenn der Klerus schäumt,
Von weiteren Delikatessen.
Amen.

Inhaltsverzeichnis:

Impressum:

Druck und Einband:
EISL&FRIENDS Werbeagentur und Verlags GmbH
www.eisl.co.at
Gesetzt aus der Bembo
Printed in Austria 2013

Fotos:
Helmut Uray
Ilse Uray
Zuzanna Hakòva

Verlag:

Amtsgasse 15, 5580 Tamsweg, Österreich

ISBN 978-3-90149-627-1

WOLFGANG PFEIFENBERGER VERLAG & BUCHHANDLUNG